入学前に知っておきたい

自分もまわりも大事にできる「境界」のお話

友だちづきあい
ってなぁに?

文:イ・ヒョンヘ　絵:イ・ヒョシル　キム・ジュリ　監修:渡辺大輔　訳:すんみ

誠文堂新光社

この本について

この本は、韓国で刊行された絵本『好きでぎゅってしたのに、なんで？』（2015年）と『どうして先にきかないの？』（2020年）を1冊にまとめたものです。後半のイエローのページは、日本語版としてつけ加えています。P78からは「境界」の考え方のベースとなる「包括的性教育」について、大人の方への解説を収録しています。

※本書のイラスト内に出てくる横断歩道や右側通行の交通ルールは、韓国に合わせて描かれているため、日本のルールとは異なります。

ブックデザイン：PANKEY inc.　校正：株式会社 風讃社

入学前に知っておきたい
自分もまわりも大事にできる「境界」のお話
友だちづきあいってなぁに？

も く じ

このお話に登場するおもな子どもたち

ジュン

ミア

ハル

ユリ

ヒカル

ヨナ

アンナ

カイ

好きでぎゅって

したのに、なんで？

ジュンは　同じクラスにいる　ミアが　だーい好き。
それで　ミアを　ぎゅっと　だきしめました。
すると　ミアが　とつぜん　おこりだしました。
「ぼくは　大好きで　ハグしただけなのに……」
ジュンは　しょぼんとしました。
いったい　何を　まちがったのでしょうか。

先生が　世界地図を　見せてくれました。
「へえ、こんなにたくさんの　国があるんだ！」
でこぼこして、くねくねして。
国と国の　あいだには　線があります。
「この線のことを　〈国境〉　と言います。
国境とは　国と国を　わけてくれる　境界です」

8

校庭で
サッカーを
していたときの
ことです。

あっ！
ボールが校庭の外へ
コロコロと転がって
いきました。

ジュンがボールを おいかけた そのとき、
車が ビューンと 通りすぎました。
ジュンは いそいで 歩道にあがりました。
「ふう、あぶなかった」
道には 車が通る道と 人が通る道が あります。
そして そのあいだには ふたつの道を わけるための
境界が あります。よーく見ると
車が通る 道路にも きいろの線が ありますね。
このきいろい 境界線は 車が 反対側に
とびでないように かかれているものです。

11

休みの時間に　ジュンとハルは
ロボットのおもちゃで　遊んでいました。
ジュンのおもちゃは　ジュンのもので
ハルのおもちゃは　ハルのものです。
目には　見えないけれど
ふたりの　おもちゃのあいだには
境界が　あって、
何がだれのものかを　おしえてくれます。
それから　かばん、くつ、ロッカー、
このすべてのものに
目には　見えない　境界があります。

ジュンが　ユリのほっぺを　つねって　にげました。
「いたいっ！　だれ？」
「あかんべえ」
ユリがおこって　ジュンを　おいかけます。
遊んでいるつもりでも
ほかの人のからだを　かってに　さわったり
いたくしたりしては　いけません。
わたしのからだと　相手のからだの　あいだにも
境界があるのです。

人のきもちも　同じです。
同じ教室にいても
きもちは　みんな
それぞれ　ちがう。
「やった、ぼくの勝ち！」
ヒカルは　大よろこび。

「今朝　妹と　ケンカしたの」
ヨナのきもちは
どんよりしています。
目には　見えないけれど
ふたりのきもちの　あいだに
境界があるのが　わかりますか。

国と　国の　あいだ
道と　道の　あいだ

ものと　ものの　あいだ
人と　人の　あいだ

すべてのものの　あいだには
境界が　あります。
目に　見えることも
見えないことも　あるけれど
境界は　この世界の

どんなものにも　あるのです。

境界を　まもらなかったら
どうなるでしょうか。
かってに　境界を　こえてしまったら？
戦争が　おきたり
車の事故が　おきたり
ほかの人と　ケンカになったり
きけんな目にあったり　するかもしれません。

だから　境界を　かってにこえては　いけません。
境界を　こえるときは　まず
「トントントン」と　ノックをするように　かくにんしましょう。
先生の部屋に　入るときのように、トントントン！
トイレに　入るときのように、トントントン！
いま　境界を　こえてもいいですか、ときくようにしましょう。

境界を こえて 友だちのものを さわるときも まずは きく。
トントントン！「〇〇くん、その車 借りてもいい？」
トントントン！「〇〇ちゃん、緑のクレヨン 貸してくれる？」
友だちが 「境界を こえても いいよ」と 言ってくれたら
友だちのものを さわっても いいでしょう。

「いやだ！　このおもちゃは　さわらないで！」
友だちが　「境界を　こえないで」と、ことわることも　あります。

ことわられると　いやな　きもちになったり

悲しくなったり　しますね。

それでも　友だちのきもちを　みとめなくちゃ。

力で　おもちゃを　うばったり　おこったり　してはいけません。

友だちの こころの境界を こえるときも 同じです。
トントントン！ 「アンナちゃん、いっしょに 遊ぼう」
「いやだ！ 今日は ひとりで 遊びたい きもちなの」
アンナは 自分のきもちの 境界を まもりたいのです。
そういうときは アンナのきもちを うけいれましょうね。
むりやり いっしょに 遊ぼうと しないでね。

みんなが　カイのことを　太っていると　からかっています。
カイは　じっと　だまっているだけ。
いやとも　言わないし、おこりも　しません。
「カイも　いやがってないから　大丈夫みたい！」
みんなは　カイを　もっと　もっと　からかいました。

カイが　とつぜん　泣きだしました。
「えっ、どうしたの？」
じっとして　だまっているからって
それでいいと　思っているわけでは　ありません。
いやだと　はっきり言わないからって
好きかってに　からかっていいと
思っているわけでは　ありません。

ほかの人の　境界を　こえないことが　だいじですが
同じように　自分の　境界を　まもることも　だいじです。

だれかが　かってに　境界を　こえてきたら
「だめ！」とつたえましょう。
すると　相手は　止まってくれるはずです。
だれだって　境界を　こえる前には
相手のきもちを先に　きかなければなりません。
トントントン！　「ジュンのロボット　さわってもいい？」
トントントン！　「ジュンのおかし　食べてもいい？」

家族から
自分の境界を
まもりたいときだって
ありますよね。

「ママ、外では
おしりトントン
しないで。
赤ちゃんじゃないから」

家族でも　ハグや　チューを
してほしくないときは　あります。
そういうときは　自分のかんがえを
はっきり　つたえましょう。
おうちの人たちに　その話を
きちんと　きいてもらうことで　わたしって
こんなに　だいじにされているんだと
うれしい　きもちになるでしょう。
自分でも　もっと
自分のことが　好きになるはずです。

いやだと言ったのに　かってに　わたしの境界を　こえてきて
わたしに　いやな思いを　させる人も　いるかもしれません。
「おうちの人には　ひみつにしろ」と
おどかしてくることも
あるかもしれません。

それでも　こわがらないで　かならず　大人たちに　知らせましょう。
ひとりで　苦しんだり　なやんだりしなくても　いいですよ。
わたしたちの　まわりには　子どもを　助けてくれる
　　　　　　　　大人が　たくさんいますから。

こわい顔をして
服をぬいで、
と言ってきます

自分の服をぬいで
からだをかってに
見せようとします

境界とは わたしと ほかの人を わけてくれるもの。
でも ゆだんして 相手の 境界を こえることは あります。
ジュンは うっかり 友だちの境界を
こえてしまったことを 思いだしました。
ミアにしたことが なんで いけないことだったかも わかりました。
ジュンは ミアに ちゃんと あやまることにしました。

ミアへ

ぼくは ミアのことが 大好き！
そのきもちを つたえたくて
ぎゅっと だきしめてしまったの。
ミアも よろこぶと 思ってね。
好きって 思われて いやなきもちになる人なんて
いないと 思ったから。でも 今日 わかったよ！
ミアのからだも ミアのきもちも
ミアのものだってこと。
いくら 好きでも 境界を こえるときは
ミアのきもちを まず きかなきゃいけなかったね。
ほんとうに ごめんね！
ぼくのこと きらいにならないでね。

ミアのことが ほんとうに
好きだよ。

友だちの ジュンより

これまでの性暴力防止教育の問題点

これまでの性暴力防止教育は、子どもが性暴力被害に遭ったときにどう「対処」すればいいかを中心に行われてきました。例えば、「大きな声でさけんで」「『いやです！ だめです！』と言いましょう」というような感じです。性暴力被害に遭ったら、積極的に抵抗しなければならないと教えてきたのです。

ですが、子どもへの性暴力は、相手の力が子どもより強いときに起きるため、子どもが自ら自分のからだを守ることはほとんど不可能です。それに、性暴力被害に遭ったとき、大声でさけんだり、いやだと言ったりできなかった子どもに対しても責任がある、というような間違ったメッセージを与えてしまう可能性もあります。性暴力は、無条件に加害者にのみ責任があるということを忘れてはいけません。

子どもへの性暴力"予防"教育の方向性について

子どもを対象とする性暴力教育は、被害時の対処法ではなく、被害を防ぐために「予防」をすることが大事です。日常的に性暴力を予防するための努力をする必要があるのです。最もいい方法は、子どもが普段から誰かとの関係のなかで、自分の気持ちや考えを正直に表現できるようトレーニングをすることです。子どもが自分の気持ちや考えを表現できるようになるためには、家庭、幼稚園、保育園、学校などで話し合いができる雰囲気をつくっておくことが大切です。普段から落ち着いた雰囲気で子どもとたくさん話し合っていれば、子どもにどんなことがあったかすぐに気づくことができますし、何かがあったときに子どもから話してもらえる可能性が高くなります。

性暴力を予防するための〈境界の尊重教育〉

子どもの性暴力被害を予防するためには、〈境界〉を守ることが大切です。
〈境界〉（boundary）とは、目には見えないけれど、誰もが尊重されなければならない身体的、物理的、言語的、情緒的パーソナルスペースのことです。国と国のあいだには国境があり、道には道路と歩道があるように、人と人のあいだにもパーソナルな境界が存在します。自分で自分の境界を認識し、ほかの人の境界を勝手に越えないことが大事です。それこそが、自分と相手に対する尊重と配慮になるのです。

日常生活での〈境界の尊重教育〉の原則

● 自分の境界を大切にしてもらい、相手の境界も大切にしなければならない。

● 相手が自分の境界を越えようとするときは「いやです！」「だめです！」
と言ってもいい。しかし、言えなかったとしても、自分が悪いわけではない。

●「スキンシップを取りたい」などの理由で自分から相手の境界を越えようとするときは、
かならず相手の同意（許可）が必要で、
もし相手から「いやです！」と言われた場合は、相手の意思を認めなければならない。

このお話に登場するおもな子どもたち

テオ

ユノ

ヒロ

ミユ

イアン

スー

ノブ

ナギ

カイト

どうして先に
きかないの？

テオが　足どりも　かるく　学校へ　むかっています。
前から　かけよってきた　ユノ。
「いいね！」と言って　テオのくつを　ぎゅっと　ふみました。
テオの顔が　まっかになりました。
「なんだよ。女の子みたい」
ユノは　テオをからかいながら　教室のほうへ　にげました。

境界の尊重

授業が　始まると、先生は　黒板に　〈境界の尊重〉と　かきました。
そのとき、ミユとヒロの　ケンカする　声が
こそこそと　きこえてきました。
ヒロが　ミユの宿題を　こっそり　のぞいたのです。
先生は　ふたりに　言いました。
「境界の尊重は　相手の境界を　たいせつにしようという
ルールのような　ものです」

見ないでよ

イアンの家に　しんせきが　あつまった日のことです。
イアンは　おいしいものを　食べたり、みんなと
遊んだりするのが　楽しみで　ウキウキしていました。
そんな　イアンの顔が　とつぜん　ゆがみました。
「あらまあ、いつ　こんなに　大きくなったの」
おじいちゃんと　おばあちゃんが　イアンを　ぎゅっと
だきしめて　ほっぺに　チューをしたのです。

ときどき　ママと　パパからも
ハグやチューを　すすめられることが　あります。
イアンは　しかたなく　おじいちゃんと　おばあちゃんに
チューをしました。大人たちは　なんで　イアンのきもちを
ちっとも　わかってくれないのでしょうか。

おじいちゃんと　おばあちゃんに　だきしめられるのが
いつも　いやな　わけでは　ありません。
びょうきのときは　おばあちゃんに
ぎゅっと　だきしめられると
ほっこりして　からだが　すっかり　なおるようです。

家族のあいだにも　境界があって
その境界は　家族みんなで
たいせつに　まもらなければなりません。

おさななじみの　スーとノブ。
スーは　ノブにあうと　うれしくなって
手<ruby>を<rt>て</rt></ruby>つかんだり　うでをくんだり　しました。
ときどき　むかしのあだ<ruby>名<rt>な</rt></ruby>で　よぶことも　ありました。
そんなとき　ノブは　とまどいました。
ですが、スーは　<ruby>仲<rt>なか</rt></ruby>よしだから　いいだろうと　<ruby>思<rt>おも</rt></ruby>っていました。

ノブが　だまっているからといって　仲よしだからといって
何をやってもいいわけでは　ありません。
スーが　友だちだからと思って　やったことで
ノブは　いやなきもちになることが　あるのです。
友だちに　境界を　たいせつにしてもらうためには
自分から先に　友だちの境界を　たいせつにしなければなりません。

スーのように　友だちに　いやな思いをさせる
ことばを言ったり　ふるまいをしたりしては　いけません。
はじめのうちは　「いいよ」と　言っていた　友だちでも
だんだん　いやなきもちに　かわることだって　あります。
友だちが　「いいよ」と　言っていたとしても
ずっと　へいきなわけでは　ありません。
だから　いまのきもちを　もう一度　きいてみるのが　だいじです。

ナギと カイトは 同じ マンションに 住んでいます。
ふたりは ときどき 校庭でサッカーをしました。
カイトは 同じ年の子より 背が低く、からだも小さいです。
ナギは カイトを 「女の子みたい」と からかったり
かってに 肩を もんだりしました。カイトが いやだと言っても
ナギは ケラケラとわらって いたずらを してばかり。

「男のくせに それくらいのことで 泣くかよ」
カイトの目に 涙がうかんでも ナギの いたずらは さらにつづきます。

これ見て。
ウケるだろ

次の日、ナギとカイトは　マンションの公園で　あいました。
ナギは　カイトに　おもしろいものを　見せると　言って
スマホを　とりだしました。スマホには　ナギが
こっそりとった　友だちの写真が　なんまいも　ありました。
カイトは　みんなが　このことを　知ると
いやな　思いをするだろうと　思いました。
どうすればいいか　わからなくて
カイトは　あたふたしました。

かってに
写真をとったら
だめだよ！

境界の侵害

これはすべて
境界のなかに
かってに
入られた
ときの話です

先生は　黒板の文字を　こんどは　〈境界の侵害〉と　かきました。

境界の侵害は　相手の　きもちを　きかないで

かってに　ふるまうことです。

知らない人とのあいだ　だけでなく、友だちや　知りあいとの

あいだのように　近しい関係でも、いつでも　起こりえることです。

境界のなかに　かってに　入られることは

入られたがわからすれば　ちっとも　うれしいことではありません。

境界に　かってに　入られると、

いやなきもちがして　おこりたくなったり　くやしくなったりします。

さらには　はずかしい　きもちになることだって　あります。

境界の侵害

そう、まわりの大人に「助けて」と言うことができますね

でも　だいたいのばあい、
力が強い人のほうが
力が弱い人のほうの　境界を
かってに　こえてしまいます。
だから　境界に　かってに　入られても
「やめてほしい」と　言いにくいのです。
カイトが　ナギに　「やめて！　いやだから」
と言ったとき、カイトは　せいいっぱい
勇気を　ふりしぼったのでしょう。
境界を　こえられたときは　ひとりで
たちむかうことが　むずかしいので
大人たちに　助けてもらうことに
しましょうね。

友だちが　力をあわせて
いじめられている子を　助けることも　できます。
ひとりでは　むずかしいけれど
みんなで　力をあわせれば　大丈夫。

カイトが
いやがってるから
やめてよ！

境界に　かってに　入られたのに　あわてたり　こわくなったりして
何も　言えないことも　あるかもしれません。それは　あなたが
わるいわけでは　ありません。わるいのは　相手のきもちを
きかないで　かってに　境界を　こえたほうですから。また　相手から
いやだと　言われたときは　すぐに　やめて　あやまりましょうね。
「ごめんね」と　こころをこめて　あやまることが　だいじです。

自分でちゃんと
あやまれるよね

かってに肩を
もんでごめんね。
女の子みたいだと
からかったことも
ほんとうにごめん

男の子だって　くやしくなれば　泣きたくなることも　あります。
「男の子だから」「女の子だから」と
かってにきめつけることを「固定観念」と　言います。

大好きなピンクのＴシャツを着ると
友だちから女の子みたいだとからかわれます

男の子とうでずもうを
して勝ったら、
女の子のくせに
力もちだと言われて
くやしかったです

ボール遊びが
好きですが、
女の子のくせに
ちっとも
じっとしていないと
言われます

小さな声で
へんじしたら
"男のくせに"って
からかわれました

このような固定観念で　ほかの人を　からかったり
バカにしたり　することを　「性差別」と　言います。
男性か　女性かで　何かを　かってに　きめつけたり、
「性差別」をしたり　することも
すべて　相手の境界を　こえることです。

帰りにユノは　校庭で　テオに　会いました。
「あのう、ユノ、くつを　ふんだことを　あやまってくれる？」
テオから　とつぜん　そう言われて、　ユノは　びっくりしました。
ユノは　目を　ふせながら　こう言いました。
「かってなことをして　ごめん。こんどから　きをつける」
もじもじしながら　あやまる　ユノを見て　テオが　笑顔を　見せました。
「いまから　うちで　遊ばない？」

〈境界の尊重〉と〈境界の侵害〉

人と人のあいだには、どれくらい仲がいいかによってひとりひとりが
守らなければならない「パーソナルスペース」というものがあります。
これを〈境界〉と言います。いい関係をきずくためには、
おたがいの境界を認めあわなければなりません。
〈境界の尊重〉は学校や家ではもちろん、どこでも守られなければなりません。
〈境界の尊重〉をおぼえることは、相手を認めて思いやる必要が
あることを学び、自分と相手の「人権」を認めることです。
自分も相手も自分の行動についての「決定権」を持つ、
と同時に「主体性」を持っていることを忘れてはいけません。
それでは、境界を大切にできるステキな人になるためには
どうすればいいでしょうか。

手をふってあいさつする人は?

あくしゅができる人は?

軽くハグしたりふだんのことが話せたりする人は?

ぎゅっとだきしめたり、胸のうちを打ちあけたりできる人は?

〈境界の侵害〉にはどのような種類があるか調べよう

境界は「ものの境界」「からだの境界」「見える部分の境界」
「言葉やきもちの境界」にわけられます。
それぞれの境界は、どのようにしてこえられてしまうのかを確認してみましょう。

ものの境界をこえるケース

- 相手のものをうばう
- ノックしないで
  ドアをかってにあける
- 相手のもの
  （スマホ、文房具、体操着、本など）を
  うばう
- 意思をきかないで相手のもの
  （スマホ、文房具、体操着、本など）を
  かってに手に取って見る

からだの境界をこえるケース

- つねったりかんだりする
- 髪の毛をひっぱる
- 親しみを表現しようとして
  パンチしたり
  足でけったりする
- 肩をもんだり、
  おしりをトントンしたりするなど、
  相手がさわってほしくないのに
  さわる

見える部分の境界をこえるケース

- 友だちのからだをこっそり見る
- 自分のからだをかってに見せる
- 一方的に、いやらしいもの
  （写真、絵、まんが、落書きなど）を
  見せる
- 許可もなくインターネットや
  ＳＮＳに写真や動画をアップする

言葉やきもちの境界をこえるケース

- 非難したり、無視したりする
- バカにしたり、からかったり、
  はずかしい思いをさせたりする
- どなったり、こわがらせたりする
- 電話をかけつづけたり、
  相手が何をしているか
  ききつづけたりする
- かってにたずねていったり、
  いやだと言われても
  つきまとったりする

日ごろから境界を大切にする方法を調べよう

日ごろから境界を大切にすることがだいじです。
家で、学校で、またインターネットやスマホを使うときに、
どうすれば境界を大切にできるか見てみましょう。

家で境界を大切にする方法

- きょうだいの服やものをかってに使わない
- 使う前にかならず許可を取る
- ノックをしてから部屋に入る
- 頭やおしりをたたかない
- 部屋のドアを閉めて下着を着がえる

学校で境界を大切にする方法

- 友だちに悪口を言わない
- 友だちを無視したりからかったりしない
- 友だちのものを勝手に持っていったり取ったりしない
- 親しみを表現しようとしてパンチしたりしない

インターネットを使うときに境界を大切にする方法

- 知らない人に自分の写真を送らない
- 自分の名前、学校などの個人情報を送ったりアップしたりしない
- インターネットで相手に悪口を言わない

スマホを使うときに境界を大切にする方法

- 写真をとりたいときは相手のきもちをまずきく
- 友だちの許可をもらう前に写真をほかの友だちに見せたり転送したりしない
- 友だちのスマホをかってに手に取って見ない
- 相手が同意する前にSNSに写真や動画をアップしない

著者からのメッセージ

　子どもへの性暴力を予防すること。これは決して簡単なことではありません。ですが、子どもへの性暴力は必ずなくさなければなりません。必ず予防しなければいけないものです。

　20年もの間、私は性暴力の被害者を支援しながら、「予防」の必要性を思い知りました。何よりも、性暴力被害に遭った子どもたちと交流しながら、「予防」のために何を教えるべきかを悩みに悩みました。私も2人の娘を育てている母親です。子どもたちが危険にさらされずに、誰もが実践できて、正しい価値観を身につけることができる根源的な教育が、本当に必要だと思ったのです。

　そこで考えたのが〈境界の尊重教育〉です。これは、性暴力だけでなくさまざまな暴力を予防するための最も基本となる教育です。自分を大切にするだけでなく、相手を尊重して思いやり、具体的に実践できるようにするための教育なのですから。

　今日から〈境界の尊重教育〉を実践してみませんか？

　暴力の予防を始めるタイミングは、まさに「いま」なのです。

イ・ヒョンヘ（元韓国両性平等教育振興院教授）

もっと知りたい人に！

自分のからだや権利にまつわる
おすすめブック

自分のからだを知ろう

『あっ！そうなんだ！
わたしのからだ』

編著：中野久恵、星野 恵
絵：勝部真規子
エイデル研究所

自分のからだをさわってみたきもちやパンツをはく理由など、からだを大切にする第一歩を伝える本。大人向けの解説文も充実。

『女の子のからだえほん』

作・絵：マティルド・ボディ
作：ティフェーヌ・ディユームガール
監修：艮 香織　訳：河野 彩
パイ インターナショナル

女の子の性器のしくみや呼び方をはじめ、赤ちゃんがどうやってできるのかなどを美しいイラストで教えてくれる絵本。ユネスコの認定マークを獲得。

『おちんちんの
えほん』

文：やまもとなおひで
絵：さとうまきこ
ポプラ社

「おちんちんは、ホースみたいだね」と始まる絵本。男の子と女の子のからだの違いやプライベートパーツなどが、やさしい絵で描かれています。

『やさしくわかる 性のえほん
じぶんの からだは どんな からだ？』

監修：田代美江子　絵：せべまさゆき
編著：WILLこども知育研究所
金の星社

「わたしにはどうしておちんちんがないの？」と不思議に思うユミちゃん。自分のからだを知って、守るための権利を学ぶ絵本です。

『だいじ だいじ
どーこだ？』

作：えんみさきこ
絵：かわはらみずまる
大泉書店

性教育のはじめの一歩は、自分のからだを知り、自分も他人も大切だと知ること。やさしい言葉かけを通じて、そのことをわかりやすく教えてくれます。

『人間と性の絵本（1）
わたしってどんな人？』

著：浅井春夫
絵：柿崎えま
大月書店

「あなたの名前は？」「友だちってなんだろう？」「自分の性格、どう思っている？」など、わたしをつくるたくさんの要素を見つめられる絵本。

『あっ!そうなんだ!
性と生』

編著:浅井春夫、安達倭雅子、北山ひと美、
中野久恵、星野 恵 絵:勝部真規子
エイデル研究所

性教育の入門書として子どもから大人
まで長く読まれている本。子どもの疑
問に答える絵本部分と、大人向けの解
説部分にわかれています。

『性の絵本 みんながもってる
たからものってなーんだ?』

作:たきれい
監修:高橋幸子
KADOKAWA

男女のからだの違いから、「すきなこと
もっとなかよくなるには」までを、かわい
らしい絵とやさしい言葉で表現。姉妹本
『せいってなーんだ?』もあり。

『サッコ先生と!
からだこころ研究所
小学生と考える「性ってなに?」』

著:高橋幸子
リトルモア

産婦人科医のサッコ先生が、科学にも
とづいた「性」の話を楽しく教えてく
れます。ワークブックのように書きこ
めるノートページも。

『13歳までに伝えたい
男の子の心と体のこと』

著:やまがたてるえ
かんき出版

男の子が「気になるけどなかなか人に
きけないこと」をまとめたまんが。か
らだの変化やネットとのかかわり方、
LGBTQについてなど。女の子編もあり。

『おとなになるって
いうこと』

作:遠見才希子
絵:和歌山静子
童心社

だんだん変わっていくぼくのからだや
おねえちゃんの悩み…。性をめぐるこ
ころの変化と多様性を、自分の身近な
ところから考えられるお話です。

『コウノトリが
はこんだんじゃないよ!』

作:ロビー・H.ハリス 絵:マイケル・エンバーリー
訳:上田勢子 監修:浅井春夫、艮 香織
子どもの未来社

イギリスとアメリカで人気の本の日本
語版。からだのパーツやしくみ、成長
のしかたをイラストで説明。「いいタ
ッチ」「だめなタッチ」の紹介も。

『ようこそ! あかちゃん せかいじゅうの
家族のはじまりのおはなし』

文:レイチェル・グリーナー 絵:クレア・オーウェン
訳:艮 香織、浦野匡子
大月書店

受精から妊娠、出産までを大人っぽい
イラストで表現したイギリスの絵本。
いろいろな家族のかたちについても知
ることができる。小学校低学年から。

ジェンダーや多様性について知ろう

『タンタンタンゴはパパふたり』

作：ジャスティン・リチャードソン、
ピーター・パーネル　絵：ヘンリー・コール
訳：尾辻かな子、前田和男
ポット出版

ペンギンのタンゴの家族はパパが2人。
ニューヨークの動物園で実際にあった
話を元にしたストーリー。ペンギンの
かわいらしい姿にきもちがなごみます。

『いろいろ いろんな かぞくの ほん』

文：メアリ・ホフマン
絵：ロス・アスクィス
訳：杉本詠美
少年写真新聞社

あなたは何人家族？　家族の仕事は？
服は？　食事は？　どんなかたちでも
家族は家族。たくさんの家族のパター
ンをユーモラスなイラストで紹介。

『女の子だから、
男の子だからをなくす本』

著：ユン・ウンジュ　絵：イ・ヘジョン
監修：ソ・ハンソル　訳：すんみ
エトセトラブックス

韓国で小学生向けに刊行された絵本。
「女の子はリーダーになれない」「男の
子は運動しなきゃ」といったモヤモヤ
を、カラフルなイラストとともに解消。

『レッド
あかくてあおいクレヨンのはなし』

作：マイケル・ホール
訳：上田勢子
子どもの未来社

赤いラベルのついたクレヨン、「レッ
ド」。でも、上手に赤を塗ることがで
きません。みんなは「もっとがんば
れ！」って言うけれど…。

『ピンクがすきって
きめないで』

作：ナタリー・オンス
絵：イリヤ・グリーン　訳：ときありえ
講談社　※現在品切れ中

色は黒が好きで、昆虫や化石も大好き
な、ある女の子のお話。「そのきもち、
わかる！」という人もいるかも。その
気持ちは変じゃないとわかるはず。

『ジュリアンは
マーメイド』

文・絵：ジェシカ・ラブ
訳：横山和江
サウザンブックス社

マーメイドにあこがれるジュリアン少
年。おばあちゃんに「ぼく、マーメイ
ドなんだ」と打ち明けると、想像の世
界へ入りこみ…。大胆な絵が魅力。

『男の子は
強くなきゃだめ？』

著：ジェシカ・サンダーズ
絵：ロビー・キャスロ　訳：西田佳子
すばる舎

誰かと比べて落ちこんだり、悩んだり
している男の子は必見！　自分のよさ
を認めて前向きになれる、力強いメッ
セージのこもった絵本です。

『レインボーフラッグ
誕生物語』

作：ロブ・サンダース
絵：スティーブン・サレルノ　訳：日高庸晴
汐文社

性の多様性やLGBTの人権尊重を象徴
するレインボーフラッグ。このレイン
ボーフラッグの歴史と、活動家ハーヴ
ェイ・ミルクの生涯をたどる実話絵本。

『LGBTだけじゃない！ わたしの性
ジェンダー・
アイデンティティ』

監修：佐々木掌子
国土社

小中学校の保健で習う性教育関連の単
元に対応しつつ、性のあり方を学べる
シリーズの1冊。おしゃれなデザイン
も◎。小学校高学年から高校生向け。

境界や同意について知ろう

『はじめにきいてね、こちょこちょ モンキー！ 同意と境界、はじめの1歩』

著：ジュリエット・クレア・ベル
絵：アビゲイル・トンプキンズ
訳：上田勢子、堀切リエ　子どもの未来社

友だちには、まずはじめに「〇〇して いい？」ときくことや、答えはそれぞ れ違うことがやさしくわかる絵本。「同 意」について描かれた初歩的な1冊。

『こんにちは！ 同意 誰かと親密に なる前に知っておきたい大切なこと』

著：ユミ・スタインズ、メリッサ・カン
絵：ジェニー・レイサム
訳：北原みのり　集英社

好きな人ができて、恋や人間関係にと まどったときに読みたい「同意」の本。 ハッピーで楽しいイラストと親しみや すい解説が特徴です。

『考えたことある？ 性的同意 知らないってダメかも』

著：ピート・ワリス、タリア・ワリス
絵：ジョセフ・ウィルキンズ　訳：上田勢子
監修：水野哲夫　子どもの未来社

お姉さんやお兄さんが、性行為にはど うして「同意」が必要かを話しあうまん が。登場人物は少し年齢が高めです が、まんがなので読みやすい。

性について深ボリできるサイトや動画

SEXOLOGY（セクソロジー）

https://sexology.life/

「スマホで読める性の教科書」として、 性に関する実用的で正しい知識を集約。 ユネスコ『国際セクシュアリティ教育 ガイダンス』の日本語訳も掲載。

セイシル

https://seicil.com/

10代の若者が抱える性の悩みに答える ウェブメディア。「おちんちんを洗わ ないと、病気になる？」というような 不安に対する回答が載っています。

#つながるBOOK

https://www.jfpa.or.jp/tsunagarubook/

厚生労働科学特別研究事業の一環でつ くられたサイト。「恋愛編」「SEX編」「月 経編」などにわかれ、悩みに対して手 助けとなる情報や知識をまとめている。

AMAZE
（日本語訳：NPO法人ピルコン）

https://amaze.org/jp/

性教育のアニメーションがたくさん見 られる短編動画サイト。「いろいろな 家族の形」や「胸って大きいほうがい いの？」といったテーマをあつかう。

Consent for kids
（日本語版）

https://www.youtube.com/watch?v=xxIwgv-jVI8

「同意」の考え方がわかる、シンプル で短いアニメーション。「ハグが好き な人も、嫌いな人もいるよね」など、 この本とも通じる内容。

Consent – it's simple as tea
（日本語版）

https://www.youtube.com/watch?v=-cxMZM3bWy0

友だちに「紅茶を飲む？」ときいて、「飲 みたくない」と言われたら紅茶は入れ てはいけない。無理やり飲ますのも NG。性的同意を紅茶にたとえたアニメ。

この本を手に取った 大人のみなさんへ

これまでの性教育と 包括的性教育

　この絵本のテーマになっている「境界（バウンダリー）」や「同意（コンセント）」「性的同意（セクシュアル・コンセント）」という言葉を、近年いろいろなところで見聞きしたことのある人は少なくないでしょう。性暴力の被害者にも加害者にも傍観者にもならないために、さらには他者とよりよい関係を築くために、学習しておかなければならない概念です。これらのことを学習するための教育（性教育）への関心が日本の中でも高まってきているように感じます。

　日本政府も2020年に「性犯罪・性暴力対策強化のための関係府省会議」において「性犯罪・性暴力対策の強化の方針」を決定しました。その中で文部科学省は、子どもたちが性暴力の被害者、加害者、傍観者にならないための「生命（いのち）の安全教育」を考案し、2023年度から全国の学校におけるその活用を推進しています。ここでは、「水ぎでかくれるところは　じぶんだけの　たいせつなところ」、「口・かお もたいせつだよ！」、「水ぎでかくれるところは、ほかの人に見せたり、さわらせたり しないようにしよう」（小学校 低・中学年）と語られています。

　これは、この絵本の言う「境界」に近い考え方のようにも見えます。しかしここには大きな違いがあります。この絵本では「わたし」と「あなた」の境界は、それぞれのからだ全体を括っています。一方「生命の安全教育」では、「水ぎでかくれるところ」と「口・かお」に指定・限定されています。また、「生命の安全教育」では「見せたり、さわらせたりしない」、「『いやだ！』といおう。にげよう。あんしんできる大人におはなししよう」という内容になっています。これは、本書の著者、イ・ヒョンヘさんが指摘する「性暴力防止教育」になっていて、この絵本で扱っている「境界」「同意」については、幼児期や小学校（低・中学年）の段階では十分に扱われていません。

『国際セクシュアリティ教育ガイダンス[改訂版]
　―科学的根拠に基づいたアプローチ』

ユネスコ(編)、浅井春夫、艮 香織、
田代美江子、福田和子、渡辺大輔(訳)
明石書店

これまでみなさんが経験してきた「性教育」というと、からだの成長・発達や生殖、性感染症予防や避妊、性暴力防止といった内容が中心的なものとしてイメージされるでしょう。一方、現在、国際的に進められている「包括的性教育」（Comprehensive Sexuality Education／包括的セクシュアリティ教育）は、上記のような内容だけではなく、ジェンダーと権力の不平等、社会経済的要因、人種、HIVの状態、障がい、性的指向とジェンダーアイデンティティなど、人間関係の多様で広い側面に関連する社会的、文化的要因についても学習内容に含むものです。「境界」や「同意」は包括的性教育においても重要な学習課題となっています。

　この包括的性教育を世界各国の子どもや若者に届けようと、ユネスコや国連合同エイズ計画、国連人口基金、ユニセフ、世界保健機関、国連女性機関といった国際機関が『国際セクシュアリティ教育ガイダンス』（以下、「ガイダンス」。右上写真）という指針を2009年に公開し、2018年に改訂版を出しました。包括的性教育は、セクシュアリティ（人間の性）の認知的、感情的、身体的、社会的諸側面についての継続的な学習を通して、以下のことを理解し奨励することを目指しています。

包括的性教育が目指すこと

◎子どもや若者の健康とウェルビーイング（幸福）、尊厳を実現すること
◎尊重された社会的、性的関係を育てること
◎子どもや若者の選択が、自分自身と他者のウェルビーイング（幸福）にどのように影響するのかを考えること
◎子どもや若者の生涯を通じて、かれらの権利を守ること

包括的性教育の特徴

❶ ― 科学的に正確
❷ ― スパイラル型カリキュラムアプローチ
❸ ― 年齢・成長に適した内容
❹ ― カリキュラムベース
❺ ― 包括的
❻ ― 人権的アプローチ
❼ ― ジェンダー平等が基盤
❽ ― 文化的関係と状況に適応
❾ ― 変化をもたらす
❿ ― 健全な選択のために必要なライフスキルの育成

からだの権利を理解する

「ガイダンス」では、科学的に正確な情報をもとに、学校だけではなくさまざまな場で連携的に計画されたカリキュラムを、5歳から段階的に繰り返し螺旋階段のように学習し続けることが求められています。そしてその学習の内容や方法は[包括的性教育の⑧つのキーコンセプト]のように包括的で、かつ、「人権」や「ジェンダー平等」が土台になければなりません。つまり「権利の学習」ということです。

例えば、「キーコンセプト④ ― **暴力と安全確保**」におけるトピック「4.2　同意、プライバシー、からだの保全」の5〜8歳の学習目標は、「誰もが、自らのからだに誰が、どこに、どのようにふれることができるのかを決める権利をもっている」というキーアイデアを獲得することです。

ここでは先の「生命の安全教育」のように「水ぎでかくれるところは、ほかの人に見せたり、さわらせたりしないようにしよう」と指定されるのではなく、日頃のさまざまなふれあいの経験や十分な情報、それについてのたくさんの対話を通して、自分で「決める権利」があるということを実感していくことが重視されています。そして「『からだの権利』の意味について説明する」、「誰もが『か

らだの権利』をもつことを認識する」ことができるようになることが目指されています。

「ガイダンス」が示す包括的性教育の⑧つのキーコンセプト

キーコンセプト① ― **人間関係**

キーコンセプト② ― **価値観、人権、文化、セクシュアリティ**

キーコンセプト③ ― **ジェンダーの理解**

キーコンセプト④ ― **暴力と安全確保**

キーコンセプト⑤ ― **健康とウェルビーイング（幸福）のためのスキル**

キーコンセプト⑥ ― **人間のからだと発達**

キーコンセプト⑦ ― **セクシュアリティと性的行動**

キーコンセプト⑧ ― **性と生殖に関する健康**

さて、この「からだの権利」とは何でしょうか。これは、大人であっても説明することは難しいかもしれません。「私のからだは私のもの」とよく表現されますが、「もの」からイメージする「所有物」ではなく、「私そのもの」ではないでしょうか。そこにはもちろん私の「性」も含まれます。この「性」を含む私たちの「からだ」は、社会的な権力（パワー）ととても結びつきやすく、その権力が、ある性別の人にある行動を強要したり、制限したり、性別そのものを強要したりすることもあります。

「ガイダンス」では、「権力の根本的な境界は、自らのからだについてコントロールすることの可能性である」と言っています。私たちには「自らのからだについてコントロールする」権利があります。なぜなら「私のからだは私そのものだから」です。そして自らのいのち（からだ）を危険にさらすことなく心地よく安全にコントロールするためには、自らのからだがどのような構造になっているのか（からだの部位や感覚を含む）を知り、自らを取り巻く社会を知り、自己をサポートしてくれる存在や方法を知ることなど、さまざまな学びと、それを可能にする教育が必要となります。

　この「からだの権利」を「子どもの権利条約」（1989年国連採択、1994年日本批准・発効）に照らし合わせて、次のように整理しているものがあります。

からだの権利

①　からだの器官の名称や
　　機能を学ぶ権利
②　自分のからだのどこを、
　　どのようにふれるかを決める権利
③　自分のからだをだれかが勝手に
　　ふれることから守られる権利
④　けがや病気になったときは
　　治療を受ける権利
⑤　こころとからだに
　　不安や心配があるときには、
　　相談しサポートを
　　受けることができる権利

⑥　①〜⑤までできていないときは、
　　「やってください」と主張する権利

（浅井春夫・艮 香織編『からだの権利教育入門 幼児・学童編』子どもの未来社を参照）

　これを見ると、包括的性教育の特徴（P79）の「❻ ― 人権的アプローチ」がどういったものなのか、イメージしやすくなるのではないでしょうか。私たちには保障されるべき権利があります。それを（基本的）人権と言います。その権利が保障されているかどうかを判断するには、自分にどんな権利があるのかということを知る必要があります。そして自分の権利が保障されていなければ、その状態を変更するよう要求することも権利としてもっています。包括的性教育の特徴の「❾ ― 変化をもたらす」というのはこのことを指します。つまり、包括的性教育では批判的思考スキルを獲得することで市民権（シチズンシップ）を強化することも目指しているということです。

「ガイダンス」における「境界」に関する学習内容（抜粋）は以下の通りです。

キーコンセプト ⑤ ― 健康とウェルビーイング（幸福）のためのスキル

5.3 コミュニケーション、拒絶、交渉のスキル

....

学習目標（5〜8歳）

◎キーアイデア

親、保護者、信頼する大人と子どもとの関係性、そして友だちや
その他のすべての人との関係性において、コミュニケーションは重要である

◎学習者ができるようになること（抜粋）

● 「イエス」「ノー」といった明確な意思表示が、自分のプライバシーを守り、
からだを保全し、幸せな関係性を構築する中核をなすということを再認識する（知識）

● すべての人が、自分の意見を表明する権利があることを認識する（態度）

● 言語・非言語コミュニケーション、
「イエス」「ノー」を表現するさまざまな方法を実際にやってみる（スキル）

◎キーアイデア

ジェンダー役割は、人とのコミュニケーションに影響を及ぼす可能性がある

◎学習者ができるようになること（抜粋）

● ジェンダー役割の例を再認識する（知識）

● ジェンダー役割は、人とのコミュニケーションに
影響を及ぼす可能性があることを認識する（態度）

学習目標（9〜12歳）

◎キーアイデア

効果的なコミュニケーションにはさまざまな方法とスタイルがあり、
それは希望やニーズ、個人の境界を伝え、理解するために重要である

◎学習者ができるようになること（抜粋）

● 自分の希望やニーズ、個人の境界を表現できること、
他者のそれらを理解できることの重要性に気づく（態度）

● 交渉の際には、相互に尊敬し協力すること、時には妥協することが、
すべての当事者から求められることを認識する（態度）

● 自分の希望やニーズ、個人の境界を伝えるさまざまな効果的な方法、他者の
それらに耳を傾け敬意を払うさまざまな効果的な方法を実際にやってみる（スキル）

あなたは
大切にされていますか？

「ガイダンス」が目指す内容を、子どもや若者が体験的に共同的に学んでいけるように、保護者、養育者、教育者である私たち大人は、そのための教育環境を整えるとともに、目の前の子どもや若者との日常的な関わりにおいても、丁寧にかれらの声を聴き、応えることをしていかなければなりません。つまり「対話」です。

　大人たちはよく、「自分（のいのち／からだ）を大切にしましょう」と言います。しかし、これまでのことを踏まえると、この言い方は「人権アプローチ」になっていないことがわかるでしょう。では、どのようなメッセージを伝えればいいのでしょうか。それは、「あなたは大切にされていますか？」というメッセージではないでしょうか。つまり、あなたの権利は保障されていますかという問いかけです。これに対して「はい」という明確な応答がなければ、私たち大人はその子たちの状況を把握し、かれらの権利が保障されるよう社会・生活環境（教育を含む）を変革していかなければなりません。大人にはその「義務」があります。日本国憲法第26条［教育を受ける権利と受けさせる義務］には次のように書いてあります。

「すべて国民は、法律の定めるところにより、その能力に応じて、ひとしく教育を受ける権利を有する。②すべて国民は、法律の定めるところにより、その保護する子女に普通教育を受けさせる義務を負ふ。義務教育は、これを無償とする。」

＊

　子どもや若者の教育を受ける権利を保障する義務が「すべて国民」に、とくに大人の国民にあるということです。さらには、大人のみなさん自身も教育を受ける権利をもっているということも確認できます。

　ぜひ、目の前にいる子どもや若者との対話を振り返ってみてください。そしてこの絵本をもう一度一緒に読んでみてください。その上で、「あなたは大切にされてる？」とたずねてみましょう。同時に、「私は大切にされてる？」と自分自身にも問いかけてみてください。「はい」と答えられなければ、「大切にして！」と周囲に伝えていいんです。その権利を、あなたももっているからです。

渡辺大輔

ちょっと難しいけれど

知っておきたい
用語集

お話にも出てきた言葉や、
お話のテーマとつながる言葉をあつめました。
難しく感じるかもしれませんが、
大人も使うだいじな言葉ばかり！
「どういうことかな？」と、
親子や友だちで話しあってみてください。

◎ 境界（バウンダリー）

さかい目。この本の内容にあわせて言うなら、
自分のからだをふくむ自分そのものを自分でコントロールするということ。

だれかほかの人に無理やりに、または自分の許可なく何かをされるということは、自分の「境界」が侵害されているということになります。

◎ 尊重

価値があるものとして大切にあつかうこと。

たとえば、日本国憲法では「すべて国民は、個人として尊重される。」（第13条）と定められていますが、これは、自分がほかの人とはことなる1人の人間として大切にされなければならないということなのです。

◎ 権利

あることをする、またはしないことを自分で決めることができる自由のこと。

人間が生まれながらに持っている権利のことを「基本的人権」と言います。すべての人の基本的人権は守られなければなりません。とくに、子どもの権利については、国連が「子どもの権利条約」にまとめ、日本もそれを守ると約束しています。ここには、差別されないこと、自分のいのちが守られ、自分のちから（能力）を十分にのばすことができ、自分の意見を自由に言うことができ、それをきいてもらえるということなどがふくまれています。それらがほかの人のちからによってできなくなってしまうことを「権利の侵害」と言います。

◎ 自己決定権

自分のことは自分で決めることができるという権利。

たとえば自分のからだについては、「誰もが、自らのからだに誰が、どこに、どのようにふれることができるのかを決める権利を持っている」と、ユネスコ（国連教育科学文化機関）などの国際的な機関がつくった性教育の指針（国際セクシュアリティ教育ガイダンス）に書かれています。このことには、❶からだの器官の名称や機能を学ぶ権利、❷自分のからだのどこを、どのようにふれるかを決める権利、❸自分のからだを誰かが勝手にふれることから守られる権利、❹けがや病気になったときは治療を受ける権利、❺こころとからだに不安や心配があるときには、相談しサポートを受けることができる権利、❻これらができていないときは、「やってください」と主張する権利（浅井春夫・艮香織編『からだの権利教育入門　幼児・学童編』子どもの未来社を参照）がふくまれます。

◎ 同意（コンセント）

対等な関係のなかでおたがいに「はい」「いいよ」と伝えあうこと。

これは、いつでも安心して「いいえ」「いやだ」と言えて、もし相手にそう言われたら「行動することをとめる」ということもふくみます。

◎ ジェンダー

広い意味では、人間のからだや存在そのもの、ふるまいなどをふくむ、世のなかのさまざまなことを、女性と男性にわけることを言います。そういった枠づけやそれを基準にした関係づくりは、この社会の歴史のなかでつくられたもので、時代や地域、文化などによってことなったり変化したりするものです。せまい意味では、この社会での「女らしさ」や「男らしさ」といった「社会的・文化的につくられた性差・性別」のことを言います。

◎ セクシュアリティ（性）

人間の一生をとおして経験したり表現したりする、性別に関するからだやふるまい方のこと。ほかにも、愛情やここちよさ、生殖や想像など、からだや感情、関係性のこともふくむため、幅広い意味を持ちます。

◎ バイアス

ななめ、かたより。わたしたちがものごとを判断したり行動したりするときにかたよりをつくってしまう（影響をあたえる）先入観や偏見、思いこみなどのことを言います。とくに性別にかんする先入観や偏見、思いこみのことを「ジェンダーバイアス」と言います。こういったバイアスは、こころのなかでこりかたまって、ほかの人の意見やまわりの状況によって変化せず、自分やほかの人の行動をしばりつけてしまう（規定する）ような「固定観念」になることがあります。

◎ 強　制

無理じいすること。ときにはことわれないようにすることもあります。

◎ 差　別

自分の「人種、信条、性別、社会的身分又は門地」を理由に、「政治的、経済的又は社会的関係」での選択肢をせばめられたり、なにかを強制されたり、自分の尊厳をきずつけられるような発言や行為を受けることを「差別」と言います。（日本国憲法第13条、第14条より）
ここの「性別」には「性的指向」（恋愛感情や性的欲求をいだく性別の向き）や「性自認」（自分が生きていく性別）、「性表現」（自分の性別をどのように表現するか）などもふくまれます。これらの性別を理由にしたものを「性差別」と言います。

◎ いじめ

ある子どもに対して、同じ学校にいて関係をつくっている子どもたちがおこなう、こころやからだに影響をあたえる行為（インターネットを通じておこなわれるものをふくむ）で、それをされた子どもたちがこころやからだに苦痛を感じているもの。
また、このいじめという行為は、いじめを受けた子どもたちが学校に行けなくなったり（教育を受ける権利の侵害）、こころやからだが健康でなくなったり、その子どもたちが生きていくことも難しくさせてしまう影響があるとも考えられます。（いじめ防止対策推進法より）

◎ ハラスメント

職場や学校、家庭などでの自分の立場をりようして、いやがらせをして相手を悩ませたりすること。
性に関することは「セクシュアル・ハラスメント」、職場などでの立場をりようしておこなうことを「パワーハラスメント」と言います。

困った！助けて！

いざというときの相談窓口

ここでは、悩んだときに無料で相談できる窓口を紹介しています。
電話やメール、LINEなどで相談できるよ。

※情報は2023年6月現在のものです。

─ 身近な相談相手も探しておこう ─

あなたが悩みを話しやすい人、話をきいてくれそうな人は誰かな？
親、祖父母、保育園・幼稚園の先生、学校の先生、保健室の先生、かかりつけの医師、近くのおまわりさん…。いざというときすぐに相談できるように、今のうちから「信頼できる大人」が誰か考えておこう。

─ 犯罪にあったときはすぐに！ ─

●**110番**（警察）（TEL）**110**　差し迫った危険を感じているときは警察へ連絡しよう。

─ 悩みを相談したい ─

● **チャイルドライン**（NPO法人 チャイルドライン支援センター）（TEL）**0120・99・7777**
18歳までの子どものさまざまなきもちや困りごとをきく。
電話だけでなくチャット相談もあり。毎日16：00〜21：00対応（年末年始はのぞく）。

● **子どもの人権110番**（法務省）（TEL）**0120・007・110**
18歳までの子どものための相談先。名前を言わなくてもOK。
日によってはチャットで相談できる。平日の8：30〜17：15実施。

● **ヤング・テレホン・コーナー**（警視庁少年相談係）（TEL）**03・3580・4970**
20歳未満の相談に対応。家族や学校関係者もOK。
24時間受付で、平日の8：30〜17：15は専門の担当者（心理職および警察官）が対応。

● **よりそいホットライン**（一般社団法人 社会的包摂サポートセンター）
（TEL）**0120・279・338** / 岩手・宮城・福島県からは（TEL）**0120・279・226**
どんな人のどんな悩みにも対応。
性暴力、セクシュアルマイノリティ、外国語による相談などの、各専門回線もあり。24時間受付。

性犯罪被害を相談したい

● 性犯罪被害相談電話（警察） (TEL) #8103（ハートさん）
性犯罪被害を相談できる。
電話をかけると、その地域を管轄する警察の性犯罪被害相談電話窓口につながる。年中無休・24時間対応。

● 性犯罪・性暴力被害者のためのワンストップ支援センター（内閣府）
(TEL) #8891
性犯罪・性暴力に関する相談窓口。最寄りのワンストップ支援センターにつながる。
産婦人科医やカウンセリングなどの専門機関と連携。受付時間は地域によりことなる。

● Cure Time キュアタイム（内閣府） https://curetime.jp/
性暴力被害から「これは普通なの？」という疑問まで、SNSとメールで相談ができる。
毎日17:00〜21:00に相談員が待機。

友だちの被害を知らせたい

● 警察相談専用電話（警察） (TEL) #9110
犯罪や事故にあたるのかわからないけれど、警察に相談したいことがあるときはここへ。
電話をかけると、その地域を管轄する警察の相談窓口につながる。対応時間は各都道府県警察本部で異なる。
土日祝日および夜間は、「当直」または「音声案内」などにより対応。

● 児童相談所虐待対応ダイヤル（こども家庭庁） (TEL) 189
「虐待かも？」と思ったときに、すぐに知らせたり相談したりできる。
電話をかけた地域の児童相談所につながる。24時間受付。
通告・相談は名前を言わずに行うこともでき、通告・相談をした人やその内容に関する秘密は守られる。

ネット・SNSトラブルを相談したい

● 違法・有害情報相談センター（総務省委託事業）
https://ihaho.jp/
インターネットトラブルに関する相談センター。
インターネット上に書き込まれた悪口や、なりすましなどのトラブルに対して、
どのように対応すればよいか、専門知識を持った相談員に相談することができる。

著者：**イ・ヒョンヘ**
韓国の研究者。家族学、相談心理学、社会福祉学を専攻し、家族学で博士号を取得。元韓国両性平等教育振興院(KIGEPE)教授。また、女性家族部および法務部諮問委員、教育部性暴力予防教育執筆委員として活動。子どもや女性の権益保障の活動を積極的に行う。子どもや女性、障がい者に関する著書多数。

監修：**渡辺大輔**
埼玉大学基盤教育研究センター准教授。博士(教育学)。主な研究テーマはジェンダー・セクシュアリティ教育。講義や講演、執筆、授業づくりなどを通して、学校で性の多様性をどのように教えたらよいかなど、情報を発信している。ユネスコの『国際セクシュアリティ教育ガイダンス(改訂版)』(明石書店)の翻訳者の1人。

訳：**すんみ**
早稲田大学大学院文学研究科修了。訳書に、『星をつるよる』(パイインターナショナル)、『5番レーン』(鈴木出版)、『女の子だから、男の子だからをなくす本』(エトセトラブックス)、共訳書に『私たちにはことばが必要だ フェミニストは黙らない』(タバブックス)などがある。

絵：**イ・ヒョシル**(好きでぎゅってしたのに、なんで?)、**キム・ジュリ**(どうして先にきかないの?)

にゅうがくまえに しっておきたい
入学前に知っておきたい
じ ぶん だい じ きょうかい はなし
自分もまわりも大事にできる「境界」のお話
とも
友だちづきあいってなぁに？

2023年7月20日　発　行　　　　　　　　　　　NDC361

著　　　者　イ・ヒョンヘ
　　　　　　　わたなべだいすけ
監　修　者　渡辺大輔
訳　　　者　すんみ
発　行　者　小川雄一
発　行　所　株式会社 誠文堂新光社
　　　　　　〒113-0033 東京都文京区本郷3-3-11
　　　　　　電話 03-5800-5780
　　　　　　https://www.seibundo-shinkosha.net/
印刷・製本　株式会社 大熊整美堂

ISBN978-4-416-62318-3